諷 詩 調 · 21

동굴일지 · V

박진환 제39시집

지성 · 감성의 메타언어
조선문학시인선 · 321

諷 詩 調 · 21

동굴일지 · V

조선문학사

결론을 대신해서

諷詩調 詩集『동굴일지』 I · II · III · IV · V권의 모두에 제시한 시법들은 예외없이 형이상시학의 시법을 대표하는 것들이다. I 권에서의『양극화의 시학』, II권에서의『 컨시트의 시학』, III권에서의『위트와 펀의 시학』, IV권에서의『통징의 시학』은 다 같이 형이상시학이 시법으로 했던 것들을 각 권에 나누어 제시한 것이다.

V권에서는 이를 집약함으로써 결론 구실을 할 것으로 여겨져 네 권의 시집에 제시된 시법들을 다시 간략히 요약, 제시함으로써 결론을 삼고자 하는데 이는 각권의「책머리에」글을 한 꼭지로 묶었을 때「형이상 시학과 諷詩調」란 타이틀을 성립시키게 되기 때문이다.

양극화의 시법은 형이상시가 생명으로 할 만큼 형이상시를 대표하는 시법의 하나다. 그 때문에 양극화가 제시되지 않는 시는 형이상시라고 할 수 없을 만큼 결정적 시법이 되어 주고 있다는 점에서 중시할 필요가 있다.

컨시트의 시학도 예외일 수가 없다. 그것은 상반 · 상충의 서로 대립되고 이질적 요소의 양극화를 결합시켜 시의 새로운 질서에 기여하게 함으로써 빼놓을 수 없는 시법의 역할을

하기 때문이다. 그러면서 시에 광체를 더해주는 기발성이 안겨주는 충격적 경악과 감동을 체험하게 해 시적 설득력은 물론 효용까지를 극대화시켜주기 때문이다.

컨시트에 이어 위트와 펀도 형이상시가 즐겨 차용했던 시법이다. 순간에서 순간으로 전환시키는 순발력과 전환을 통한 반짝이는 반전이나 이동을 통한 놀라움을 안겨주는 위트는 형이상시의 맛을 극대화시켜주는 지적 조작으로서의 기능을 담당하고 있다. 그 때문에 반짝이는 섬광과 같은 광체를 방출하는 역할도 함께 담당하고 있다.

이와 함께 펀도 같은 맥락성을 갖는다. 기발한 착상으로서의 컨시트나 순간에서 순간으로 이동하는 순발력으로서의 위트가 합작해서 이끌어 가는 것이 펀이기 때문이다. 이점에서 펀은 단순한 언어유희가 아니라 지적 조작으로서의 시법 차원의 유희가 되게 된다.

끝으로 통징은 시로써 감행하는 악에 대한 복수로서 문화적 징벌이 된다. 일종의 언어적 폭력이라고도 할 수 있는 복수로서의 통징은 그 대상이 시대적 비리나 부조리, 부정이나 부패는 물론, 과학문명에 의해 자행되고 있는 자연의 파괴에 따른 생명 위기, 핵의 공포 등 현대 문명이 처해 있는 총체적 악에 대한 복수라는 점에서 특별한 시적 의미를 지니게 된다.

諷詩調는 바로 이 특별한 의미를 시로써 실천하는 새로운 시의 장르다. 그래서 諷詩調는 그 편편마다에 악을 대상으로 하는 복수가 감행되고, 복수를 감행함으로써 정면으로 악에 맞서는 기사도적 시정신이 있다.

그러면서도 복수의 무기가 칼이나 총이 아닌 펜으로 이루

어진다는 점에서 물리적, 법적, 폭력적 복수가 아닌 문화적 복수가 되게 된다. 또 펜으로 감행하는 문화적 복수가 되기 위해 최상의 시는 형이상시라는 최고의 시가 구사하고 있는 시법들을 원용하고 있는데 그것이 다름 아닌 양극화·컨시트·펀·통징과 같은 형이상 시법이다.

諷詩調는 한편으로는 이러한 시법을 빌어 시적 차원을 유지하면서 다른 한편으로는 악에 대한 복수를 감행함으로써 시가 살아 있는 양심과 육성의 메아리라는데 기여하고자 자청하면서 출발한 시라는 점을 끝으로 밝혀둔다.

2012년 初夏

박 진 환

박진환 제39시집 / 諷詩調 · 21

동굴일지 · V

차례

동굴일지 · 401

그중 낮은 곳에서 산의 높이를, 그중 높은 곳에서 강의 길이를 잰다
下로써 上을, 上으로써 下를 배우니 上下가 다르지 않음인 것을
사람들은 높고 낮음, 길고 짧음으로만 생을 척도하더라

동굴일지 · 402

동맹 휴원한 유아원 처사 두고 세간의 비난 비등하던데
정작 당사자인 어린이들은 표정없이 고개만 절레절레
그래, 잘 가르쳐선 잘 배워선, 긍정보다 먼저 배운 절레절레 부정

동굴일지 · 403

연평도 포격한 포병부대 방문한 북녘 김정은
망원경에 댄 눈 오래 떼지 못하던데, 뭘 봤을까
뭘 보긴, 배운대로 노린내나는 코쟁이들 상판대기 봤겠지

동굴일지 · 404

무슨 셈이 그리 더뎠을까, 299+1=300인데 그걸 못풀어 고민하다니
문제는 이 300이란 것이 정답은 정답인데 오답만도 못한 것이어서
정작 국민들 셈법은 국회 완 달러, 300-270=30을 명답으로 알거든

동굴일지 · 405

악법도, 불법도, 편법도 법이라니 진짜법은?
법이 아니면서 법보다 더 좋은 법이 되는 진짜 있지
뭔데? 만인이 재판관이 되어 심판하는 상식이라는 법

동굴일지 · 406

피는 육신의 언어
양심엔 피가 없다, 피가 없으니 언어가 없는 벙어리다
이 시대의 벙어리, 우리는 실어증의 환자들이다

동굴일지 · 407

삼성으론 부족했는지 칠성으로 늘어날 모양이다
늘어난 만큼 불어나야 경젠데 늘어날수록 줄어든 삼성
그렇구나, 별들의 세계에선 늘어날수록 줄어드는가 보다

동굴일지 · 408

50년만의 엄동에도 정치판은 후끈 뜨끈 끓어오르는데
정작 정치에 식상한 만초들은 벌벌 떠는 한속기 못 면해
이러다 정치 외면한 민심이반 가이동가이서나 안 될지

* 가이동가이서(可以東可以西) : 동쪽이라도 좋고 서쪽이라도 좋다는 뜻이니
아무거나 상관없다는 무관심을 두고 한 말.

동굴일지 · 409

대청소를 하면서 모으기보다 버리는 법을 배워야 했음을 알았다
버리기에는 아깝고 남겨두기엔 별 쓸모 없는 잡동사니들
어찌 살림살이뿐이겠는가, 마음 창고 삼아 모아둔 잡사들도 그렇지

동굴일지 · 410

욕심 탓일까, 가난을 메우며 생긴 버릇 때문일까
내자는 한번 마련한 것은 결코 버리는 법이 없다
자신의 법을 좇는 건 좇지만 버리는 특별관리법을 만들어야겠다

동굴일지 · 411

가정이란 게 병아리를 품어 기르는 씨암탉과 같다
살림살이며 집안일이며 아내 몫인 잡일을 거들다
아내의 살림 목록엔 계륵이 너무 많다는 것을 알았다

동굴일지 · 412

가정이란 울타리를 지키는 씨암탉 아내
행복이란 이름의 새벽을 한 번도 울어보지 못한 수탉 남편
암 · 수탉이 쪼아다 모은 가난한 대분의 계륵 못 면한 살림살이들

동굴일지 · 413

시계가 잠을 재우고 잠을 깨운다
돌아가는 시침 소리는 어머니의 자장가
어머니의 자장가에 잠들고 깨는 우리는 이 시대의 어린애다

동굴일지 · 414

신은 죽었든지 살았든지 실존은 아니다

인간은 죽었든지 살았든지 실존이다

실존만이 저지를 수 있는 악, 실존아니면 저지르고 싶어도 못 저질러

동굴일지 · 415

악을 기피하는 것도 선, 선에 돌진하는 것도 선
그중 선 중의 선은 실천하는 선, 헌데 인간들은
입으로는 선선하면서 행동으로는 악악거리거든

동굴일지 · 416

부정의 범법자 무리를 깃털이다, 몸통이다 해쌌던데
새에 견주는 게 이해가 안 돼 궁금했었어
헌데 이유가 있더라고, 갇힌 새를 鳥囚라 하거든

동굴일지 · 417

정가의 기지개에 어둠의 두께가 다소 얇아진 것 같은 예감
헌데 침신이건, 질명이건 새벽이 오려면 장닭이 울어야 하는건데
글쎄? 장닭이 있던가

* 침신(侵晨) : 이른 새벽을 뜻함.

동굴일지 · 418

공공기관장 감사결과 D급판정 39명중 20명이 MB와 유친관계

나랏님이 정해준 자리 수준미달이 반이 넘는다니

王者無親은 구두선, 이래가지고야 나라꼴 제대로 될리 있나

동굴일지 · 419

MB, 특정 지역 · 학연 고려한 것 아니라지만 백성들은 생각 달라
누굴 쓰든 무슨 상관, 일만 잘해봐 입에 안올려
문제는 선택된 위인들이 D급 수준의 함량미달자여서 그렇지

동굴일지 · 420

강모의원, 금배지 내놓는 일 입 때문이었어
구시상인부, 옛분들은 말을 도끼로 보았거니
제 도끼에 제 발등 아닌 주둥이 찍는 일, 입 잘못 놀리면 그래

* 구시상인부(口是傷人符) : 입 잘못 놀려 실수한 말 도끼와 같다 함이니 말조심하라는 뜻.

동굴일지 · 421

귀하의 구좌에서 OO만원이 빠져나갔습니다 어쩌고 저쩌고
친절하게도 문자를 보내주셨던데요
기왕이면 순자를 보내주시지, 문자보다야 더 S라인이잖아요

동굴일지 · 422

시인은 시로써 말한다, 시가 곧 정신이요, 넋이요, 피요
피의 기록이 시이기 때문, 시가 혈서인 소의가 이러한데
세상은 피에 물 타 쓰는 시인들 차지, 진적의 시 찾아볼 수 없나니

동굴일지 · 423

50여년 한 우물 팠으면 道가 틀 법도 헌데
도는커녕 쓴 것마다 하빠리 윷놀이 끝발 도도 못 면하니
道는 글렀고 徒 구실이나 할 수 있다면 그 또한 도인 것을

동굴일지 · 424

저지른 죄로는 부족했는지 민간인 불법사찰 몸통 자처 기자회견 죄 두려워 할줄 모른 무지함 때문인가, 무지도 죄인 걸 몰라선가 죽기로 작정 않고서야, 그럴 수가, 안 말려, 이미 죽은 목숨인 걸

동굴일지 · 425

뉴스의 단골 메뉴 도둑질, 세상이 온통 서절구투이거니
보고 배운 것이 도둑질이니 누굴 탓하겠는가마는
양심 훔쳐간 놈보다 도둑맞은 내가 더 밉고 한심해서

* 서절구투(鼠竊狗偸) : 쥐새끼가 물건을 훔치고 개가 남의 물건을 속이는 것 같이 몰래 숨어서 부당한 물건을 취하는 좀도둑을 이르는 말.

동굴일지 · 426

물건을 훔쳐간 놈은 소도이고, 빼앗아간 놈은 대도이다
마음 도둑도 마찬가지, 대도건 소도건 도둑맞은 쪽은 행복하다
훔쳐갔으니 빼앗김은 아니고, 빼앗김 아니니 나눔이 아니던가

동굴일지 · 427

잘 쓰진 못했지만 열심히 썼다, 열심히 씀이 잘 씀과 다르지 않으니
열심히 쓰지 않고 어찌 잘 쓰길 바라랴
헌데 모두들 열심히 뒤로 하고 잘 씀만 앞세우더라

동굴일지 · 428

왕거미가 그물코를 짜 나선형 투망을 허공에 친다
모우미성의 어린 것은 싫어, 피로 사는 기는 놈도 저리 가
내 식성은 약육강식의 피를 싫어하거든

* 모우미성(毛羽未成) : 아직 깃이 덜 자라서 날지 못하는 것처럼 사람이 아직 어림에 비유한 말.

동굴일지 · 429

음악은 소리, 미술은 색, 시는 언어로써 감동을 주는 예술이지
헌데 세상은 귀 막고, 눈멀고, 생각 접고 고고고 발길질이거든
예술 저리 가라야, 물러설 수밖에 없는 왕따 예술

동굴일지 · 430

물건도 팔고, 지식도 팔고, 양심도 팔고, 피도 팔고, 몸도 팔고
부모도 팔고, 자식도 팔고, 그것도 팔고, 고고고고고고고고
가고 가고 또 가면 끝은 어딜까? 어디긴, 말세지

동굴일지 · 431

잘난 척, 가진 척, 아는 척, 최고인 척, 점잖은 척, 척 척 척
아마 동의보감에는 없지, 척이란 병명
암보다 무서운 병인데다 갈수록 중증, 거기다 처방전이 없으니

동굴일지 · 432

취하는 맛으론 명약인데 배 아픔으론 큰 병
병이 클수록 당기는 맛 또한 크니 술병이 그러하지 않던가
병이건 약이건 술을 탓하랴, 취하게 하는 시대가 병인걸

동굴일지 · 433

가버린 날 돌이켜보며 쯧쯧쯧 혀를 찬다, 그때 내 그런 부끄러운 짓을

가버린 것은 아름답다던데 아름답긴커녕 못난 부끄러움 뿐

부끄러움을 안다는 게 어디여, 소처럼 바른길로 접어들 모양이다

* 어디여 : 소가 길을 잘못 들어섰을 때 바른길로 몰려고 내는 소리.

동굴일지 · 434

세계 정상들 서울 핵 회담에 맞춰 미사일 쏘아 올리겠다니
오기인가, 심보인가, 찬물 끼얹긴가, 셋 다여도 그만이지만
핵 내밀어 맞상대하겠다는 호부우, 객기라면 그만이 아니어서

* 호부우(虎負嵎) : 호랑이가 산모퉁이에 의지해 있으면 그 용맹을 당할 수 없다는 뜻으로 쓰인 맹자의 말.

동굴일지 · 435

찾아주는 이, 연락 주는 이 없어 쓸쓸한 날엔 쓸쓸함 달래려
파한삼아 떠올려보는 얼굴이 있다, 용안불개의 주름진 얼굴
아직 내 피가 살아있었구나, 불효로 불러보는 어머니

* 용안불개(容顔不改) : 변하지 않는 얼굴.

동굴일지 · 436

꽃샘추위가 꼬리치를 부리더니 촉촉히 봄비가 내린다

때맞춰 뿌리며 가지 적셔주니 하늘의 뜻이 신묘하지 않는가

헌데 하늘도 포기했을까, 메마른 가슴 적셔줄 비, 눈물말린지 오래이니

동굴일지 · 437

OECD국 중 결핵 코리아가 최고, 놀라지 마, 최고가 어디 한둘이야

암, 당뇨, 고혈압, 심장질환 등 천하 몹쓸 육신 병은 몰라도

아는 부정 · 부패 · 사기에 불치의 쳇병까지 죄다 최고 수준인 걸

동굴일지 · 438

결핵 하루 5인 발병에 사망 5인이라니 걸렸다 하면 죽은 목숨
그나마 다행한 건 북녘 핵이 아닌 결핵이라는 점
문제는 잘라내지 못한 꼴찌꼬리, 최하 행복지수, 최고 자살율

동굴일지 · 439

세계 정상들 핵 억제 논의 중인데 때맞춰 북녘 미사일 발사
남과 북 생각 따로 계산 따로 극과 극 이루고 있지마는
남녘은 여론 핵, 북녘은 이목 핵 만들었으니 둘 다 핵은 핵인 셈

동굴일지 · 440

안빈낙도란 옛말, 지금은 발음도 정발음 안빈악도거든
가난하고 궁핍해 봐, 절개고 쓸개고 분수고 다 저리가라 고야
그나마 다행한 건 스톱 아닌 고가 惡道 아닌 樂道여서

동굴일지 · 441

세월도, 인생도, 청춘도 가고 백발과 황혼과 회환이 오고
가고 오는 목로엔 주막이 하나, 쉬었다 간 것은 바람인가 구름인가
인생인가, 모두들 가고 옴의 발자국으로 허무를 찍고 가는 것을

동굴일지 · 442

쇼냐? 코미디냐? 세상에 도둑맞을 것이 따로 있지
세계 정상들이 출연한 대작 「핵과 평화」 유명 언론 관전평인즉
세계가 지켜보는 벌건 대낮에 주연 자리 북녘에서 훔쳐갔다데

동굴일지 · 443

신문바닥엔 글자 하나하나가 쌀알로 박혀 있다
뽑아다 위트 · 상상력 · 통징의 매운 고춧가루를 섞고 비비면
신문으로는 맛볼 수 없는 메뉴, 풍시조의 상이 차려지지

동굴일지 · 444

세계의 만류 · 회유 · 저지 협박에도 끝내 북녘 미사일 발사
발사는 좋다마는 발사 거꾸로 사발도 묵사발이나 안 될지
그래서 그랬나, 묵사발 안주 삼아 소주께나 팔렸데

동굴일지 · 445

투표는 탄환보다 강하다던데 강하면 뭘 하나
방아쇠 당겨봤자 명중 아닌 빗나간 빈 총질 못 면한
번번이 오준의 탄환인걸, 쏴봤자지

동굴일지 · 446

여 · 야, 노 · 사, 빈 · 부에 남 · 북, 영 · 호남, 강북 · 강남까지
옛분들 사시 못 면했던 노 · 소, 동 · 서는 벗도 못해
빌어먹을, 도려낼수록 뿌리째 도지는 이 땅의 악성 고질병

동굴일지 · 447

OECD국중 투표율 최하위가 코리아라데
허긴 정치에 거는 기대나 희망이 있어야 한 표 행사하는 건데
그나마 던진 한 표도 찬성보다 반대편에 찍었으니

동굴일지 · 448

북 끝내 미사일 발사
그래, 발사 좋지,헌데 발사 거꾸로 하면 뭐지?
사발, 딱 맞네, 실패했으니 묵사발

동굴일지 · 449

북 미사일 발사 실패
실패했기에 망정이지 성공했었어봐
양코뱅이 코보다 더 높아진 콧대에 우리코 납작코 될뻔했어

동굴일지 · 450

박근혜, 오른손 하나 가지고도 과반수 의석 확보 했어
두 손 다 썼어봐, 휩쓸었어, 헌데 말씀이야
오른손이 하는 일 왼손 모르게 하라고 한쪽만 허락하신 뜻 알까

동굴일지 · 451

북미, 북녘 미사일 발사로 서로 등 돌리기 수순 밟던데
결과는 북녘 백성 굶주리고 핵은 살찌고
한 핏줄 아니랄까봐 흡사 남녘 양극화와 같네

동굴일지 · 452

만인 평등이란 말은 진리다, 평등하지 않다는 것도 진리다
이상으로서의 평등과 현실로서의 불평등의 모순
옛분들 이를 두고 방예원조라 했거니

* 방예원조(方枘圓鑿) : 모가 진 자루나 둥근 구멍은 서로 맞지 아니한다는 뜻으로 사물의 모순에 빗대이는 말.

동굴일지 · 453

먹고 먹히고, 먹히고 먹고 살기는 인간이나 짐승이나 매한가지
범이나 사자보다 더 무서운 맹수가 인간 아니던가
약육강식은 삶의 질서이고 거역할 수 없는 생존의 진리거니

동굴일지 · 454

칼은 칼로, 불은 불로, 미사일은 미사일로 맞받아야 정공법
침묵이 금이라고? 순구식, 신식으론 세상은 목소리 큰놈 몫이거든
남북 큰소리 서로 맞받던데, 그게 공갈이냐? 갈공막대 휘두르기나지

* 갈공막대 : 늙은이의 지팡이를 이르는 옛말.

동굴일지 · 455

최시중, 전 방통위원장, 이름값 잘 한 건가? 잘못한 건가?
그릇 시중들지 말고 옳은 시중들었던들 탈 없었을 것을
돈 시중들었다가 이름값은커녕 쵀에 제 팔목 묶여 성 값도 못했으니

* 쵀 : 끈이나 붕대의 옛말.

동굴일지 · 456

북녘, 청와대 · 신문사 · 방송국 보복 운운 하던데
위협이냐, 협박이냐, 공갈이냐?
공갈 거꾸로 해봐, 갈공, 늙은이 지팡이로 삿대질하긴 아직 젊던데

* 갈공 : 옛 늙은이의 지팡이를 이르는 갈공막대에서 따온 말.

동굴일지 · 457

슈퍼문, 좋아허시네, 달만 크면 뭘해
쳐다보고 빌었던 우리네 소원은 쪼그라들어 그믐달 신센데
그보다는 달 잊어버리고 산지가 언제적인데 슈퍼문 운운이여

동굴일지 · 458

경제대통령 거꾸로 해봐, 재경대통령
그도 그럴 것이 대다수 친정인이 영포맨이었거든
향후 경제대통령 NO, 거꾸로 해도 민국대통령이 되는 국민대통령 OK

동굴일지 · 459

미래저축은행장 신용불량자인줄 뻔히 알면서
감독관청인 금감원 눈감아줬다고 와글와글
그러다 금감원 눈감원 되면 어쩔려고

동굴일지 · 460

박영준 전 차관 감옥행이던데 기껏 몸통에 불과해
정작 머리통 드러나면 골 때릴텐데
때린 골치 가라앉힐 두통약 약국엔 없어서

동굴일지 · 461

퇴출 저축은행, 은행마다 비리가 장난이 아니데
돈에 환장하면 남의 돈도 제돈으로 보이는 걸까
돈에 취해 저축저축 비틀거리는 발걸음이 가닿는 곳 감방인 것을

동굴일지 · 462

눈뜨고도 못본체, 눈감고도 본체 하는 금감원은 눈감원
갖가지 금융비리 모아모아 비축한 저축은행은 죄축은행
두 씨아귀 톱니에 물린 서민들 저축의 꿈만 빠아지고 뭉개지고

동굴일지 · 463

오뉴월인데도 한속기 못 면한 살갗엔 소름 가득 돋혀 있고
분분분 눈발 날려 한겨울 강설기 아카시아 숲은 설향천국인데
잿상에 재뿌리긴가; 저축은행이 눈밭에 뿌리고 간 똥내나는 동취

동굴일지 · 464

꼬리, 꼬레, 꼬리아, 그래 꼬리아

OECD국 중 독서 꼴찌에 복지 투자, 환경평가도 꼴찌

꼴찌만도 못한 머리가 더 많긴 하지만 꼬리도 이만하면 긴 꼬리야

동굴일지 · 465

공인인가, 묵인인가, 그도 아니면 둘다를 끄덕여준 인낙인가
금융 비리의 온상이면서도 드러나지 않는 사각지대 저축은행
감시의 눈이 감긴 눈감원 때문인가, 죄를 축적한 죄축은행 때문인가

동굴일지 · 466

돈은 모든 악의 근원이다
세계는 돈의 힘에 의해 돌아가고 있다
세계가 악의 지배 하에 있는 것은 이 때문이다

동굴일지 · 467

내 곁엔 몇 장의 이면지와 흑적청심이 박힌 볼펜 하나와
너덜너덜 헤어져 두 쪽 난 국어사전이 있다
내가 가장 가까이 두고 아끼고 사랑하는 재산목록이다

동굴일지 · 468

통합진보당호 분당까지 갈게 뭐 있나
판교에서 하차, 판교를 건너든
가마를 타든, 고무신 거꾸로 신든, 행차 바꾸면 훨 나을걸

동굴일지 · 469

佛法寺刹도 그 모양, 不法査察도 그 모양, 죄다죄다 그 모양
아하 그렇구나, 罪多罪多면 그 모양이 되는구나
그 모양 아닌 것은 없던가? 있지, 법은 법인데 不法 아닌 佛法

동굴일지 · 470

한국인 대부분이 중하위권이라고 자부하는 모양이던데
OECD국 중 등위 매겼다하면 못 면하는 꼴지 주제에
목에 힘주고 빳빳하게 처든 꼴갑하는 꼴찌의 꼬락서니라니

동굴일지 · 471

신사임당 기념 행삿날 우르쾅쾅 소나기 퍼부어
입입마다 날 잘못 골랐다고들 해쌋던데
아녀, 얼굴에 하도 똥칠해대니 구린내 씻어내려고 그런거여

동굴일지 · 472

더러운 놈의 세상 기가 막혀 못살겠다고들 해쌋던데
더러워도 하 더러워 코가 막혀 미치겠네
허긴 기 안막히고 코 안막힌 게 그게 되레 미친게지

동굴일지 · 473

일본서 발사한 아리랑 3호 한국에선 세계 4위권이라던데
정작 현지에선 50년전 일본 수준이라고 평가절하
허긴 하도 꼴찌가 많은 나라이고 보니 헛소리로 안 들려서

동굴일지 · 474

G20 의장국이란 말 자랑처럼 입버릇처럼 앞세우던데
G8, G2 의장국됐더라면 마이크 들고 외쳐댈 판
G가 good이란 건 어찌 알아가지고선, 뭐? 그게 아니라고?

동굴일지 · 475

'아름다운 죄 사랑 때문에'는 유행가 가사
가사대로라면 사랑하면 죄가 되니 죄 또한 아름다움이 되는 이치
구린내 천지인 세상에 수인 자청하는 사랑의 향그럼이라니

동굴일지 · 476

지금까지 보아오기론 정치판 주변이 제일 더러웠어
크고 작은 비리, 부정 · 부패 등이 정치판 전매특허품이었거든
근자설 원자래는 옛말, 지금은 가까운 이 등돌려 멀리하거든

* 근자설 원자래(近者說 遠者來) : 정치를 잘하면 가까운 이는 기뻐하고 먼데 있는 이가 찾아온다는 공자의 말.

동굴일지 · 477

만보걷기 행보의 코스를 홍제천변길에서 안산둘레산길로 옮겼다
아카시아 · 찔레 만발한 둘레길 따라 걸으면 눈 뜨이고 코 트인다
뜨이고 트일수록 멀어지는 속계, 멀리함이 가까이함이었구나

동굴일지 · 478

눅눅한 습과 퀴퀴한 곰팡내에도 성한 코 탓하지 않는
냉 · 난방 시설 없이도 여름 · 겨울 탓없이 나며 안분지족 즐기는
동굴은 나의 성, 나는 시방 펜 끝 칼날로 세워 성을 지키는 성주다

동굴일지 · 479

동굴안엔 겹겹으로 나선형 거미줄이 둘러쳐져 있다
이마에 굴을 파고 사는 왕거미 한 마리가
종일 생각을 뽑아다 집을 짓고 걸려들 한편의 시를 기다린다

동굴일지 · 480

4면엔 피로 쓴 이름들이 꽂혀있다, 스스로의 피를 뽑아 쓴
페이지에 새겨진 '가장 짐승스런 것이 가장 본능적이고
가장 본능적인 것이 / 가장 순수하다'는 눈길 끈 3행시

동굴일지 · 481

피서지 · 보양지 찾아 떠나는 바캉스 철에도 두문불출
문명을 아예 등진 것일까, 원시를 마주한 것일까
바캉스란 일찍이 동굴의 사전에선 지워져버린 방언인 것을

동굴일지 · 482

바깥세상이 그리운 날엔 어슬렁어슬렁 빌딩숲을 거닐어본다
원시의 약육강식 숨기고 문명의 탈을 쓴 짐승들 세상
광화문이나 종로를 걷다보면 되레 그리워 돌아가고 싶은 동굴

동굴일지 · 483

빌딩숲 대신 빽빽한 활자로 키가자란 무성한 숲
숲에 갇혀 살다보면 囚人, 囚人으로 살면서 동굴지기
守人도 되고, 성지기 戌人도 되고, 언어를 사냥하는 狩人도 된다

동굴일지 · 484

4면엔 언어를 뿌리로 자란 빽빽한 숲이 둘러쳐져 있고
숲 속엔 술 · 커피를 좋아하는 짐승 한 마리 살고 있다
생각도, 말도 할 줄 알며, 글도 쓸 줄 아는 늙고 순한 짐승 한 마리

동굴일지 · 485

환쟁이가 스스로가 그린 꽃에 반하듯
글쟁이가 연모의 정 연애편지로 써놓고 사랑에 빠지듯
몽혼 없이도 즐기는 동굴의 상상놀이, 어찌 한잔 술에 비하랴

동굴일지 · 486

동굴엔 계절이 없다, 계절 없으니 꽃 · 비 · 낙엽 · 눈이 있을리 없다
없으니 볼일도 없고, 보지 않으니 있어도 그만 없어도 그만이다
육안대신 마음으로 뜬눈, 온갖 잡것 보지 않으니 다행 아니던가

동굴일지 · 487

옆동굴엔 당골이 산다, 점도 보고 사주도 보고 굿도 한다
매사 神佛에 의탁하고 사니, 나보다 팔자가 나은 셈이다
나도 天詩敎나 만들어 동굴 법당 삼아 교주노릇이나 해볼까

동굴일지 · 488

아무도 찾아주는 이가 없는 날엔 심심해 죽겠다
종일 면벽하고 앉아 있자니 입에선 군내가 난다
허긴 헛수작했다 후회하는 쓴맛 보다야 군궁내가 더 안낫냐

동굴일지 · 489

걸려온 전화마다 수해 입지 않았느냔데 입긴 입었지
헌데 물난리가 아니라 거꾸로 물난리 덕을 봤단 뜻이지
治水보다 先治山 깨우쳐 줬으니 水害가 준 受惠 아닌감

동굴일지 · 490

산이 왜? 怒했을까? 무엇을 NO 했을까?
물라서 묻나? 治水에 밀려 왕따 당했으니 怒 · NO 밖에 더 있겠나
산신령님 하시는 말씀 "治山이 먼저니라"

동굴일지 · 491

태풍 무이파, 이름 無而波완 달리 바다마다 노도 일고

無而波란 이름관 달리 무너지느니 산과 들

몰랐었구나, 無속에 波 · 破 말고도 怕가 들어 있었던 것을

* 파(怕) : 두려워할 파.

동굴일지 · 492

생각이 생각을 뽑아내 나선형으로 둘러 거미집을 만든다
거미집엔 몇 개의 시어가 걸려들어 거미밥이 된다
나는 동굴속에 거미집을 지어놓고 걸려든 언어를 즐기는 喜子

동굴일지 · 493

옆동굴 당골네는 신기가 입으로만 뻗쳤는지 여간 입이 험하다
반대로 이녘은 입대신 펜으로 말한 연고로 상하 입술 함봉
징치고 주문 읽는 무당과 함묵으로 군궁내 풍기는 쟁이의 異穴異居

동굴일지 · 494

우기엔 찾아오는 이가 없는 대신 雨愁와 憂愁가 찾아온다
어찌 반가운 손이 아니겠는가
한 잔의 차나 술로는 나눌 수 없는, 잔 없이도 취흥 나누는 손인걸

동굴일지 · 495

동굴 속 삶의 90%는 침묵이고 나머지 10%는 독백이다
상대가 없음이고 상대가 없으니 왕따와 다를 바 없다
얽히고설킨 세상, 홀로 있을 수 있는 왕따처럼 귀한 게 또 있던가

동굴일지 · 496

이 혹서에 상온 22~23도, 절로 졸음이 온다
눈만 감았다 하면 떨어지는 잠, 잠 속엔 꿈이 있다
무슨 꿈이냐고? 동굴에서 꾸는 꿈이니 짐승스런 꿈일 수밖에

동굴일지 · 497

바깥세상 이야긴즉 온통 빚쟁이 미국이야기
부자나라 신용등급 떨어졌으니 떠들썩 소문 클밖에
큰 것은 소문뿐만이 아니여, 미대통령의 빵빵 큰소리가 더 높아

동굴일지 · 498

만인이 선망의 눈으로 올려다보던 마천루 주상복합 아파트
이제 한물 갔데, 인기도 값도 뚝뚝 떨어지거든
오르면 내리기도 하는 법, 이제사 낙법을 깨닫다니 쯧쯧쯧

동굴일지 · 499

MB, 불법 사찰 침묵 지켜보며 언론들 開口촉구하던데

할말이 없어선가, 있어도 할 수 없어선가

4대강 改構엔 앞장서더니 불법 사찰 開口엔 뒷전이라고들 하데

동굴일지 · 500

추적추적 가을비 雨雨雨 몰려와 非非非 적시면
혹여 씻어 헹궈낼 수 있을까 憂憂憂
씻고 헹궈 비비비 꼬인 가슴의 동앗줄도 풀어낼 수 있을까

•

박진환 시인은 전남 해남 출신으로 동국대 국문학과를 거쳐 중앙대 대학원을 졸업(문학박사)했다. 1960년 동아일보 신춘문예(詩)・1963년 自由文學(문학평론)으로 문단에 데뷔했고, 국제PEN한국본부 사무국장 및 이사, 한국문협 고문을 역임했다. 제9회 시문학상, 제3회 비평문학상, 펜문학상, 윤동주문학상 등을 수상했고, 한서대학교 교수 및 예술대학원장을 역임했으며 현재 월간 『조선문학』 발행인 겸 주간으로 있다. 중요 저서로는 시집에 『귀로』, 『사랑법』, 『꽃시집』, 『三行詩抄』 Ⅰ~Ⅺ 『諷詩調』, 『박진환시전집 Ⅰ・Ⅱ・Ⅲ・Ⅳ・Ⅴ』, 『物神時代』 Ⅰ・Ⅱ・Ⅲ・Ⅳ・Ⅴ, 『동굴일지』 Ⅰ・Ⅱ・Ⅲ・Ⅳ・Ⅴ 등 39권의 시집이 있고 평론집으로 『한국현대시인론』, 『현대시론』, 『21C시학과 시법』 등 다수와 『한국시의 공간구조연구』, 『21C 시학』, 『시창작론』, 『諷詩調詩學』 외 다수의 역저가 있다.

•

조선문학시인선 321

諷 詩 調・21

동굴일지・Ⅴ

2012년 6월 20일 인쇄
2012년 6월 30일 발행

지은이 / 박진환
발행인 / 박진환
펴낸곳 / 조선문학사
등록번호 / 1-2733
주소 / 110-092 서울 서대문구 홍제2동 96-4
대표전화 / 730-2255
팩스 / 723-9373

ISBN 89-93614-94-7

정가 8,000원

* 인지는 저자와 합의 하에 생략
* 잘못된 책은 서점에서 교환해 드립니다.